洗筆•流年——陸蔚青詩詞選
Traditional Chinese Poetry by Lu Weiqing

獻給移民生活 24 年

洗筆・流年

陸蔚青詩詞選

Traditional Chinese Poetry
by
Lu Weiqing

Acer Books

洗筆•流年――陸蔚青詩詞選（红枫丛书之二）
作者：陸蔚青
出版：Acer Books
封面书法及摄影：陸蔚青
封底人像摄影：散文散片

书号：978-1-7381938-4-4

红枫丛书
策划：黎杨
设计：陶志健

Traditional Chinese Poetry by Lu Weiqing
Author: Lu Weiqing
Publisher: Acer Books
Cover Photo and Caligraphy: Lu Weiqing
Design: Tao Zhijian

ISBN: 978-1-7381938-4-4

Copyright © 2024 Lu Weiqing.

All rights reserved. No part of this book, except contents in the public domain, may be reproduced or used in any manner without the prior written permission of the copyright owner, except for the use of brief quotations in critical articles and book reviews.
E-mail: acerbookscanada@gmail.com

目 錄

目　錄	i
代序　感懷	iii
2011—2013	1
2015—2017	34
2018—2020	49
2021—2023	82
代跋　賊風賦	92

目錄

代序 感懷

時至歲尾,突然感懷。
望明月而聞風起,聽晚鍾而聆雀靜。
兩鬢鴉雛,如今平添華髮,
稚子小兒,轉瞬玉樹臨風。
庭前新柳,誰綰千絲萬縷,
灞陵傷別,相揖車馬舟船。
日夜微信,身此地而心彼岸,
晨昏顛倒,觀落霞而日東升。
關山路遠,難奉高堂老母,
夜觀星象,原來命在旅程。
青天白眼,自是阮籍所為,
道蘊疏朗,還羨林下之風。
對酒當歌,曹公吟老驥伏枥,
臨淵洗筆,和靖賞鶴子梅妻。
然天地周轉,無始無終,
亦可圓融一體,亦可禦風而行。
日月其裏,星漢其中。
舊歲幾何,自今夜終,新歲新日,自今晨始。

2014 年新年

代序 感怀

2011—2013

【采桑子】雪夜吟

疏枝一夜成銀柳，
雪也輕柔，風也輕柔，
斷續鈴聲到小樓。

水漂詩韻流如夢，
不訴離愁，欲說還休，
窗冷猶憐月似鉤。

(「詩壇」第 630 期 2012.02.03《華僑新報》第 1093 期)

【五律】秋風

一夜秋風緊，枝搖亂語聲。
天高雲聚散，地闊水窮生。
菊放心千縷，葉收情百重。
聽君歌一曲，亭外幾人行？

(「詩壇」第 612 期 2011.09.30《華僑新報》第 1075 期)

【雪花飛】詠雪

天上瓊瑤散盡，閒庭轉瞬飛花。
千片如冰似玉，棲落枝椏。

樓近風聲小，輕寒樹影斜。
悄問梨花萬朵，落入誰家？

(「詩壇」第 623 期 2011.12.16《華僑新報》第 1086 期)

【七律】早春

清晨約友踏歌行，一片新絨綠乍成。
雨打枝頭搖嫩色，風攜鳥韻試初聲。
花分紅綠為醇蜜，雲畫濁清寫眾生。
籬畔流連神氣爽，小園春色入閒程。

(「詩壇」第 611 期 2011.09.23《華僑新報》第 1074 期)

【五绝】秋雨

夜雨暗重樓，寒煙鎖晚秋。
誰家花濺淚，老草又霜頭。

(「詩壇」第 613 期 2011.10.07《華僑新報》第 1076 期)

【五绝】秋緒

雨細簷廊矮，霜飛樹影寒。
空階濕曉夢，點點落樽前。

(「詩壇」第 614 期 2011.10.14《華僑新報》第 1077 期)

【七绝】秋懷

碧草無涯曉夢輕,寒山玉帶過長亭。
登高望遠懷工部,夜雨西風醉漂萍。

(「詩壇」第 615 期 2011.10.21《華僑新報》第 1078 期)

【五绝】詠白菊

玉腕綰雲鬢,清輝月影彎。
誰言嬌若柳,敢笑北風閑。

(「詩壇」第 615 期 2011.10.21《華僑新報》第 1078 期)

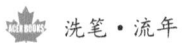 洗笔·流年

【五绝】楓葉

舞罷孤山畔，歌徊露水寒。
隨風輕若染，夢裡待明年。

(「詩壇」第 616 期 2011.10.28《華僑新報》第 1079 期)

【五绝】秋遊

醉眼望秋風，雲深樹影空。
紅山輕若帶，綠水細如弓。

(「詩壇」第 617 期 2011.11.04《華僑新報》第 1080 期)

【七绝】與友小酌

畫角樓頭滿地芳,清茶釀酒玉如漿。
秋風起處萍頷首,笑把他鄉做故鄉。

(「詩壇」第 618 期 2011.11.11《華僑新報》第 1081 期)

【七绝】雨過

遠看清風近看茶,斜行矮紙漫塗鴉。
長空雨過顏如玉,向晚猶存葉伴花。

(「詩壇」第 619 期 2011.11.18《華僑新報》第 1082 期)

【七絕】步韻紫雲「中秋前夜寄月」

出浴冰輪緩緩行,星河黯淡夢幽清。
故園萬裏月邊遠,滿目蒼茫天地明。

(「詩壇」第 610 期 2011.09.16《華僑新報》第 1073 期)

【七律】賀詩會十二週年敬步譚銳祥壇主原玉

霧滿西樓夜色侵,晨花暮雨意難禁。
新愁煮酒風將駐,舊夢尋痕雪欲臨。
海角無邊千古事,天涯不斷幾歸心。
詩詞古韻添爐暖,喚起知音對月吟。

(「詩壇」第 620 期 2011.11.25《華僑新報》第 1083 期)

【踏莎行】月滿重樓

月滿重樓,舟橫寒渡,枝疏葉落霜濃處。
長街漫步寂寥還,烏啼聲裏天涯暮。

無意爭春,有心懷素,自由心境從天數。
清江有意向青山,千帆萬點蒼茫去。

(「詩壇」第 622 期 2011.12.09《華僑新報》第 1085 期)

【解佩令】佳節感懷

雪飛輕霧,煙飛輕霧,對佳賓,殷勤分付。
把酒添香,看落雪、挾風而去。
對紗帷,詠詞裁句。

陳年一度,新年一度,感懷中,常無言語。
秋月春風,想昔日、青藤花塢。
問流年,夢棲何處?

(「詩壇」第 626 期 2012.01.06《華僑新報》第 1089 期)

【七律】詠雪

迷蒙點點挾風吹，身世飄蓬見世微。
休歎素顏難入畫，莫言舊愛懶描眉。
寒枝疏影玉輕掛，冷絮無垠香未歸。
一片冰心擎不住，梨花萬朵各紛飛。

(「詩壇」第 627 期 2012.01.13《華僑新報》第 1090 期)

【畫堂春】（添字）冬日抒懷

誰家老樹長參差，相纏瑞雪紛飛。
昨宵新醉夢來遲，斗轉看星移。

聞遍寒鴉晚唱，霜殘再被重衣。
何年月影灑清輝，曾照故人歸。

(「詩壇」第 628 期 2012.01.20《華僑新報》第 1091 期)

【桃源憶故人】靜夜思

梨花飄灑歸何處,半月重樓低樹。
夜夢江南細雨,苔影深庭戶。

流年不解留春住,吹卻韶華無數。
誰歎不如歸去,浩淼天涯路。

(「詩壇」第 629 期 2012.01.27《華僑新報》第 1092 期)

【采桑子】新歲

雲深樹老頻低首,
雪厚冰殘,鴉落聲寒,
一簇橙黃新歲前。

任它風亂吹窗碎,半老殘卷,
一世奇緣,朗月清風未宿眠。

(「詩壇」第 631 期 2012.02.10《華僑新報》第 1094 期)

【浣溪沙】冬晴

二月新陽透若蟬，
晴空一片碧流連，
清寒初釀過眉間。

風暖枝頭雪欲化，
雲飄簷頂樹如懸，
早春尚在晚冬前。

(「詩壇」第 632 期 2012.02.17《華僑新報》第 1095 期)

【柳梢青】憶故人

獨立黃昏，一輪又是、新月穿雲。
輕暖盈簾，殘寒兌酒，落寞時分。

休說歲月無痕，抬望眼，常思故人。
紅袖絲連，綠荷藕斷，去夢留春。

(「詩壇」第 633 期 2012.02.24《華僑新報》第 1096 期)

【踏莎行】冬夜

向晚深冬,冰封雪遍,新黃老綠都難見。
沉香素酒對琉璃,寒枝如影銀如練。

雪落聲殘,霧迷風斂,流年似水星辰轉。
孤星閑數月朦朧,梨花一綻深深院。

(「詩壇」第 634 期 2012.03.02《華僑新報》第 1097 期)

【柳梢青 】贈水仙主人

淺綠鵝黃,頸長翹首,楚楚芬芳。
清水盈盆,金樽避酒,影月添香。

休雲花季無常,自然樣,何需束妝。
吳帶當風,梨花為侶,不懼寒霜。

(「詩壇」第 635 期 2012.03.09《華僑新報》第 1098 期)

【畫堂春】謝蘇鳳女士畫堂雅聚和韻紫雲

畫堂春色頌詩文,韻中花信繽紛。
誰家歌婉動黃昏,響遏流雲。

朗月清風潑畫,淺黃濃綠調勻。
流年一度故人新,把酒銷魂。

(「詩壇」第 636 期 2012.03.16《華僑新報》第 1099 期)

【柳梢青】初春霧開

晨霧深濃,鉛雲四墜,不見人蹤。
繞樹纏枝,環屋結舍,天地迷蒙。

忽然霧散雲溶,一剎那,春陽耀紅。
溢彩流光,濯塵滌垢,殘雪消融。

(「詩壇」第 637 期 2012.03.23《華僑新報》第 1100 期)

【浣溪沙】初春

無賴春風欲惹人，
三分清冷兩分真，
陌邊楊柳畫眉新。

流水時寒時蘊暖，
白鷗欲落欲登雲，
依稀夢裏故園晨。

(「詩壇」第 638 期 2012.03.30《華僑新報》第 1101 期)

【浣溪沙】斷續清寒

斷續清寒斷續春，
碧空一洗醉流雲，
人間四月染春痕。

老樹猶懷冬意冷，
柳芽已被綠調勻，
憑窗遠眺夜歸人。

(「詩壇」第 639 期 2012.04.06《華僑新報》第 1102 期)

【菩薩蠻】春早

重疊柳綠搖春醒,驚飛青雀逐鷗影。
嫩筍試新妝,迎春初綻黃。

池塘生草淺,一樹新枝卷。
何處醉清風,金樽明月中。

(「詩壇」第 641 期 2012.04.20《華僑新報》第 1104 期)

【西江月】致友人

不羨文君買酒,只求清照文章。
淺吟低唱口含香,別是一番酬唱。

窗冷紅楓數載,雲前春雁成行。
臨風攬月再梳妝,試問淺深怎樣?

(「詩壇」第 642 期 2012.04.27《華僑新報》第 1105 期)

【醉花陰】春寒

冷落春陰愁幾許,怕看黃花雨。
牆角落霜寒,曉夢晨殘,清冷庭前樹。

年年春冷如秋處,歎渡鴉無數。
莫道草如酥,落寞盈簾,點點隨風物。

(「詩壇」第 643 期 2012.05.04《華僑新報》第 1106 期)

【七律】謝伍兆職先生贈書

承君高誼贈詩詞,讀罷慨懷繫吾師。
十載墨香人晚寐,半生辛苦夜深時。
伍家園裏繁根葉,于遠樓頭數雪枝。
深感盛情心意暖,寶山學藝謝蘭芝。

(「詩壇」第 644 期 2012.05.11《華僑新報》第 1107 期)

【畫堂春】賞月

經年不見月如斯,正值立夏之時。
澄光明澈灑清輝,有夢來遲。

春葉疏離影落,閑雲舒卷情思。
嫦娥玉兔欲飄飛,何日當歸？

(「詩壇」第 645 期 2012.05.18《華僑新報》第 1108 期)

【眼兒媚】春意

人間五月醉花紅,如在畫廊中。
鵝黃淺紫,庭前新綠,幾度春風。

年年春暖情如是,苦覓雁鷗蹤。
三分詩意,二分落寞,一曲朦朧。

(「詩壇」第 646 期 2012.05.25《華僑新報》第 1109 期)

【浪淘沙】楊花

欲落卻還黏，盈暖纏簾。
畫堂溪畔插銀簪。
六月青春衣似玉，夢裏闌珊。

無語落低簷，不問流年。
是誰不捨扯輕衫。
難啟雙唇還又去，海闊天藍。

(「詩壇」第648期 2012.06.08《華僑新報》第1111期)

【少年遊】春末偶感

三春結子葉枝肥，陌上絮翩飛。
綠楊影裏，紅楓枝頭，氤氳沐風吹。

夏來春去經年事，羈旅枉凝眉。
花落千枚，雲浮蒼狗，何日雁來歸？

(「詩壇」第649期 2012.06.15《華僑新報》第1112期)

【南鄉子】樹上花

昨夜綠枝芽,晨起遮窗竟玉花。
帶露清風壓樹重,胡笳,驚起流雲宛若紗。

顛倒畫詩茶,一樹崢嶸兩樹斜。
花若有情來入夢,無家,朗月繁星看落霞。

(「詩壇」第 652 期 2012.07.06《華僑新報》第 1115 期)

【定風波】夏雨

地暗天低四野沉,雷鳴雨暴裂鉛雲。
彎樹折枝誰勝手,
風驟,遠山近樹踽行人。

寒過閑池生凜冷,禪定。
日出雲破浥輕塵。
簾下易安曾問否,紅瘦?
星眸依舊是花魂。

(「詩壇」第 653 期 2012.07.13《華僑新報》第 1116 期)

【武陵春】謝茶敘並祝詩詞協會成立十三周年

風過梨花飄暗白,鳴鹿柳別裁。
畫角樓頭夏入懷,茶亦醉天涯。

豪放婉約多少事,千古歎塵埃。
詞短詩長苦樂哉?且既往開來。

(「詩壇」第 654 期 2012.07.20《華僑新報》第 1117 期)

【定風波】夏夜

莫道幽清夏夜長,綠蘿短蔓過低牆。
深樹空蟬聲悠蕩,
吟唱,驚回千里夢歸鄉。

紅萼窗前花似舊,人瘦。
柳枝陌上惹情殤。
夜色天階如水幻,團扇,
昨宵宮女可乘涼?

(「詩壇」第 655 期 2012.07.27《華僑新報》第 1118 期)

【行香子】讀王羲之《蘭亭序》帖

滿紙煙雲,
落筆成紋。
春秋過,惟爾清芬。
縱橫千載,
氣象氤氳,
看龍無形,鳳無影,玉無痕。

橫平天頂,
豎若金針。
墨枯濃,
五彩繽紛。
彎如玉帶,勾似經筋,
悟書中道,道中法,法中魂。

(「詩壇」第 657 期 2012.08.10《華僑新報》第 1120 期)

【眼兒媚】夏日河畔

草碧雲高夏風清,近樹影娉婷。
鳥鳴蟬噪,白鷗朱雀,玉苑妝成。

遠山一黛娥眉秀,深流靜漣平。
錦紅藍翠,水搖波動,夢裏浮萍。

(「詩壇」第 656 期 2012.08.03《華僑新報》第 1119 期)

【行香子】夏日觀彩虹

一霎雲晴,收攏銀箏。
碧空遠,虹彩蒸騰。
赤藍黃綠,七色明澄,
喜蟬兒鼓,風兒唱,鳥兒鳴。

一彎新夢,天女飛淩。
滿天霞,裾滿裙輕。
墨濃書老,暑熱茶冰。
望烏雲散,青雲卷,白雲升。

(「詩壇」第 659 期 2012.08.24《華僑新報》第 1122 期)

【小重山】風搖雲夢影

清露空蟬秋始聲,風搖雲夢影,月宮升。
誰家琴促鳳初鳴,沉吟久,商羽入高暝。

回首故園情。沉風淹舊旅,歎飄零。
雙唇難啟問安寧。慈母在,孝子不應行。

(「詩壇」第 661 期 2012.09.07《華僑新報》第 1124 期)

【行香子】一葉秋寒

一葉秋寒,獨自憑欄。
望浮雲,翩若流年。
葉邊漸瘦,花蕊猶圓,
但山青遠,樹青翠,水清漣。

昨宵夢斷,雞塞聲遠,
問清風,可有聲咽?
十年舊旅,萬里河山,
只夢如風,月如影,逝如川。

(「詩壇」第 663 期 2012.09.21《華僑新報》第 1126 期)

【憶秦娥】夢西湖

秋夢咽,尤憐春夜江南月。
江南月,斷橋如夢,西湖如雪。

風吹楊柳清茶節,雨濕飛燕重簦越。
重簦越,三潭波遠,蘇堤聲絕。

(「詩壇」第 666 期 2012.10.12《華僑新報》第 1129 期)

【行香子】中秋

月露清圓,天碧水寒。
秋風始,雁欲南還。
驀然葉瘦,疏影空山,
感夜無語,琴無調,客無眠。

月華如練,明鏡空懸。
問嫦娥,今夜何年?
雲鬢可改,陳事難湮,
只兔兒偎,花兒顫,影兒憐。

【相見歡】秋夜遙寄
上半闋：張大理，下半闋：陆蔚青

臨窗聽雨無言，晚秋寒，
綠皺影疏枯葉戀孤欄。

風聲遠，波光展，望空山，
卻見一彎新月水天間。

(「詩壇」第 667 期 2012.10.19《華僑新報》第 1130 期)

【浪淘沙】歲歲又中秋

歲歲又中秋，葉滿花稠。
有朋三五乘風遊。
鮮餅一盤蔬幾束，誰引箜篌？

閉月掩重樓，把酒來酬。
東風吹遍又西洲。
柳綠楓紅皆是客，一醉方休。

(「詩壇」第 665 期 2012.10.05《華僑新報》第 1128 期)

【憶江南】

一

秋日好,綠影彩雲飄。
雨似杏花迷亂眼,
風如楊柳醉寒宵。
正是葉飛遙。

二

秋日好,何事憶吹簫?
抬眼秋風搖落葉,
卻憐春雨打芭蕉。
聲暗亦蕭蕭。

三

秋日好,秋水漲秋潮。
嶺上紅楓驚嶺岸,
天邊黃葉舞天橋。
一字雁飛翱。

(「詩壇」第 668 期 2012.10.26《華僑新報》第 1131 期)

【柳梢青】秋暮落雨

秋風漸渺,遠山空樹,寒潭衰草。
雁過高空,樹前落影,枝斜棲鳥。

無言對鏡簪花,卻不料,花期已杳。
雨落黃昏,聞鈴驚夢,長堤春曉。

(「詩壇」第 673 期 2012.11.30《華僑新報》第 1136 期)

【浪淘沙】葉落風飄

偏冷畏花凋,葉落風飄。
清寒鵲雀落枝巢。
疏月憑添煙柳意,秋也蕭蕭。

一夢到江橋,雛色鴉髻。
貪歡醉裡度春宵。
不問此身何處去,路也迢迢。

(「詩壇」第 670 期 2012.11.09《華僑新報》第 1133 期)

【鵲踏枝】初冬

昨夜霜寒偏雪冷，月未升時，已是昏如暝。
心事空茫風逐影，星移斗轉雲不定。

書老墨涸閑剩茗，枯坐獨言，寂寥無人聽。
輾轉錦箋春不醒，繁弦促柱難為應。

(「詩壇」第 674 期 2012.12.07《華僑新報》第 1137 期)

【采桑子】鬱金香

濃紅翠綠花初放，牽手成行，輕擺雲裳，夢裡風月沐暖陽。
湖邊廊下安居早，花典之凰，對影惝佯，簡莖高風不勝香。

(「詩壇」第 688 期 2013.05.17《華僑新報》第 1160 期)

【鳳凰台上憶吹簫】綠柳飛煙

綠柳飛煙,紅楓飄霧,夢中跨越千山。
見浪濤拍岸,水月空禪。
一去十年如隙,迢迢路,難訴樽前。
閑沽酒,但觀落葉,莫望關山。

殘桓。
月分徑遠。
歎水袖青衣,翠縷華冠。
看亂花驚夢,往事成煙。
多少春愁秋恨,都付與,意曠柵闌。
憑風遠,天高碧落,歲歲年年。

(「詩壇」第 675 期 2012.12.14《華僑新報》第 1138 期)

【滿庭芳】新歲

雪落寒枝,風棲曉岸,
驚飛鷗鷺成團。
彤雲衰草,望葉落花眠。
閑近新植翠柳,葉紛墜,綠意湲湲。
清茶淡,杭菊數點,
君子共新蘭。

初元。
一歲始,
新橙兌酒,雲雁傳箋。
但拾步青階,眼底憑欄。
翹首何方眺望,落霞處,故里長天。
憑誰問,廳前古柏,
冠首又添年。

(「詩壇」第 676 期 2012.12.21《華僑新報》第 1139 期)

【青玉案】星無數

暮春花雨濕千樹，更可見，星無數。
滿紙墨香飄落處，綠深紅淺，韻長律短，詩侶相聚語。

清茶一盞花一箸，半日浮生枉虛度。
高誼君情鞭且鼓，平林煙外，晚潮聲裡，逆水行舟路。

注：近日笔懒，蒙坛主主编询问无诗缘由，遂以诗答。
(「詩壇」第 687 期 2013.05.10《華僑新報》第 1159 期)

【畫堂春】遊溫哥華海邊

天成一片碧瀅洲，艷陽五月樓頭。
數帆掠岸萬帆留，誰解方舟。

翠鳥相思如夢，紅花欲落凝眸。
天涯何處半生酬，眼底全收。

(「詩壇」第 690 期 2013.05.31《華僑新報》第 1162 期)

【眼兒媚】春景

萬紫千紅畫廊中,楊柳共清風。
迎春乍落,丁香初綻,風信玲瓏。

蒲公已老黃花舉,無處不從容。
雲閑風展,美人春睡,樹下頑童。

(「詩壇」第 689 期 2013.05.24《華僑新報》第 1161 期)

2015—2017

【沁園春】2016 新年開筆，和韻白墨紫雲偉濱

玉雪浮枝，遠山含碧，一夜北風。
正天增歲月，人添新夢；
樓頭畫角，明月彎弓。
香燭重重，笑容晏晏，
多少新紅覆舊紅。
人聲遠，有虛廬空舍，隱沒青峰。

坐觀北斗七星，
看寂寥、銀河落碧空。
只率真隨性，不求虛與；
歲深人靜，言必由衷。
身後風雲，身前往事，
檢點清明與雅容。
杯中影，問游蛇幾歲，或可成龍？

(「詩壇」第 712 期 2016.01.22《華僑新報》第 1300 期)

【蝶戀花】天花墜，和韻偉濱

搖落瓊枝飄若雨。
爾等何來、竟惹情千縷。
把盞新醅無解語，花飛花落如飛絮。

爾與清風歌且舞！
羨天香、只把天涯賦。
笑在風霜寒徹處，梅松菊竹交相訴。

(「詩壇」第 715 期 2016.02.12《華僑新報》第 1303 期)

【七絕】情人節風雪夜和紫雲

玉盞瓊瑤落幾家，天高地遠舞輕紗。
蝶神已入莊生夢，月老才牽並蒂花。

(「詩壇」第 716 期 2016.02.19《華僑新報》第 1304 期)

【閑中好】(二首)

一、君子蘭花
閑中好。一盞玉花嬌。敬爾成雙對，新裁春築巢。
二、雪中清音
閑中好。雪落寒煙渺。有曲何所來，折枝問飛鳥。

(「詩壇」第 717 期 2016.02.26《華僑新報》第 1305 期)

【五律】對雪和韻偉濱、紫雲

郎朗琉璃境，茫茫踏雪翁。
浩然東逝水，清冽北來風。
托體千山綠，銷魂萬樹紅。
吟哦無意趣，與爾共長空。

(「詩壇」第 718 期 2016.03.04《華僑新報》第 1306 期)

【法駕導引】楓

紅楓木,紅楓木,相伴白雪君。
素裹銀裝青黛色,
臨風玉樹半擎雲,年輪日日新。

(「詩壇」第 721 期 2016.03.25《華僑新報》第 1309 期)

【風光好】雪中吟

天陰陰,雲沈沈,
雪飄三月樹不禁,
可清心。

蒼茫河水原無路,舟偏渡。
杏花老酒相互斟,雪中吟。

(「詩壇」第 721 期 2016.03.25《華僑新報》第 1309 期)

【青門飲】雁

青雀枝頭,已然春鬧,
長河尚雪,薄冰浮岸。
水綠如蘭,柳停風慢,
　沙渚白鷗成片。
　寥廓青天外,
　有浮雲,輕舒輕漫。
忽聞風過,回眸仰望,長空歸雁。

　揮手竟餘年半。
長空列行,遙遙不斷。
雁雁長鳴,幼兒輕喚,
　多少暖情如眷。
　想歲來如此,
　驟凝思,故園斯遠。
念慈老母,憑窗夜望,思兒如雁。

(「詩壇」第 723 期 2016.04.08《華僑新報》第 1311 期)

【踏歌詞】三月雪

啟窗千片雪,天地一畫堂。
殘書前朝事,古卷問蒼黃。
流雲不分行,晝夜自風光。

(「詩壇」第 721 期 2016.03.25《華僑新報》第 1309 期)

【武陵春】臘梅花葉戀

我自開時卿尚在,不用訴離愁。
半染清香半染幽,寒歲正當頭。

緣聚淺深謎似夢,何事苦淹留?
細數梅開第幾疇,清風起,月華流。

(「詩壇」第 736 期 2016.07.08《華僑新報》第 1324 期)

【七絕】無題二首

一

春心桃李競相開，奼紫嫣紅上九垓。
夢裡雲天花弄影，清風一逐燕歸來。

二

牡丹花下不言愁，睨眼青天幾度秋。
曾是洛陽策馬客，且將香草伴骷髏。

(「詩壇」第 737 期 2016.07.15《華僑新報》第 1325 期)

【眼儿媚】落日殘葉

誰弄清簫落寒枝，翹首卻參差。
鉛華盡褪，傲枝猶在，千萬情絲。

卻將清影隨明月，與爾兩相知。
落霞幾許，有風來去，飄落雲霓。

(「詩壇」第 738 期 2016.07.22《華僑新報》第 1326 期)

【卜算子】原是守鄉人

原是守鄉人,卻做西遊客。
逝水川邊望月明,暮色長天闊。

本欲詠梅花,只有楓相和。
借問堂前舊謝王,稽首時空錯。

(「詩壇」第 739 期 2016.07.29《華僑新報》第 1327 期)

【七律】詠菊

清水無塵供菊花,枝披葉伴競芳華。
書香有意風飄影,紙墨無痕月照斜。
金盞伶仃偏傲骨,醉陶惟夢向天涯。
且將聲色暄秋裏,爾飲清霜我飲茶。

(「詩壇」第 742 期 2016.08.19《華僑新報》第 1330 期)

【蝶戀花】七夕

一夜清風星若雨,有鵲齊來、架起橋飛渡。
織女眉梢誰忍顧,年來思量聲聲賦。

忍將流年拋去處。
且語郎君、雲裏花如故?
玉露金風朝與暮,未如比翼連枝樹。

(「詩壇」第 741 期 2016.08.12《華僑新報》第 1329 期)

【七絕】江上

月明一片落平洲,皎皎清輝照萬疇。
天地蒼茫誰共語,長風萬古大江流。

(「詩壇」第 740 期 2016.08.05《華僑新報》第 1328 期)

【浣溪沙】望菊

秋雨綿綿浸老階,
竹籬斜逸望君開,
悠然天地意何哉。

逐葉數得金甲落,
回眸原為故人來,
南山滄淼盡青崖。

(「詩壇」第 742 期 2016.08.19《華僑新報》第 1330 期)

【七律】悼吳永存先生次韻黃國棟

卻蘸哀情寫悼詩,緬懷白髮永存師。
亦曾海上赴前蹈,也為儒生寫愛慈。
多少風霜揮手過,晚來安樂卻分離。
人間來去如萍聚,一柱心香慰展眉。

(「詩壇」第 743 期 2016.08.26《華僑新報》第 1331 期)

【七律】偶思

斜樹繁枝生暗綠，風濃柳淡對花黃。
誰家庭院琴初起，哪個高樓動洛陽。
千古白雲無客主，幾人西域寫文章。
月闌深處蟬棲露，悵惘情懷入酒觴。

(「詩壇」第 744 期 2016.09.02《華僑新報》第 1332 期)

【七絕】詠竹

碧枝翠葉竹節高，定平凡一草蒿。
細雨清風同唱晚，高地闊兩風騷。

(「詩壇」第 745 期 2016.09.09《華僑新報》第 1333 期)

【七绝】秋趣

野菊生來自愛詩,忍將金葉亂塗之。
秋風無賴偏多雨,奴有好诗君不知。

(「詩壇」第 746 期 2016.09.16《華僑新報》第 1334 期)

【五绝】秋葉

葉赤天方老,樹虬晚歲時。
秋來風乍起,聚散兩無期。

(「詩壇」第 753 期 2016.11.04《華僑新報》第 1341 期)

【七律】中秋

今宵一葉墜中秋,樹下誰人起古幽。
隔岸相望千古月,登高但見大江流。
嫦娥爭奈廣寒冷,玉兔一生只為囚。
明鏡高懸何所似,地為混沌天為眸。

(「詩壇」第 746 期 2016.09.16《華僑新報》第 1334 期)

【浣溪沙】珠墜玉吟

珠墜玉吟繞後庭,
霧濃風淡綠煙升。
誰家檐下茜紗燈。

滴雨樓頭蟬噤早,
纏綿秋色夜初行。
隔江翻唱雨霖鈴。

(「詩壇」第 747 期 2016.09.23《華僑新報》第 1335 期)

【五绝】雙鳧

瀲灧波光好,鴛鴦對錦頭。
坐觀楓唱晚,瑟瑟無離愁。

(「詩壇」第 754 期 2016.11.11《華僑新報》第 1342 期)

【七绝】歲末

時臨歲末去匆匆,月影西斜向晚風。
誰道冬來春尚遠,雪如飛燕樹如鴻。

(「詩壇」第 761 期 2016.12.30《華僑新報》第 1349 期)

2018—2020

【春從天上來】依韻和白墨 2017 新年開筆

萬象更新。
有瑞雪紛紛，蕩垢滌塵。
大地承露，鷗鳥歡欣，
新陽日暖如薰。
只登高臨遠，
望四野，再數年輪。
駐危欄，見山河雪湧，霞蔚雲雰。

天如有情亦老，
渡萬古悠然，多少浮雲。
心騖八荒，神游天外，
落得清淨閑人。
喜江河廖闊，
煙塵渺，大道無痕。
且留存，
但順天應物，仁者知恩。

(「詩壇」第 762 期 2017.01.06《華僑新報》第 1350 期)

【五律】新春

歲末逢瑞雪,薄霧渡晨昏。
日晷分雙歲,天乾照地坤。
何人傾美酒,玉盞共金樽?
一唱雄雞早,新春履舊痕。

(「詩壇」第 762 期 2017.01.06《華僑新報》第 1350 期)

【七律】高閣殘書

高閣殘書越半冬,輕塵光影復重重。
無良霜冷催人老,寒地春來雪尚濃。
不忍終年花謝落,且將新葉玉妝成。
殘冰奔湧清江闊,望斷西風月浩明。

(「詩壇」第 772 期 2017.05.05《華僑新報》第 1367 期)

【五绝】雪盡春泥綠

雪盡春泥綠,風清軟草香。
枯思收拾起,閑話說唐王。

(「詩壇」第 770 期 2017.03.03《華僑新報》第 1358 期)

四月吟

蒙城四月,吟唱春風。姍姍遲度,款款從容。
情開一夜,雨洗蒼空。柔枝小蕾,碧地新絨。
欣聞鳥語,喜接征鴻。香薰暖意,已是花紅。

2017 年 4 月

【七绝】早春

四月北隅楊柳白,推門殘雪久不開。
一彎新綠寒雲斷,自在春風去復來。

(「詩壇」第 772 期 2017.05.05《華僑新報》第 1367 期)

【浣溪沙】詠玉蘭

一樹嫣紅半樹懸,
金鳳獨倚小欄杆。
三春過後盡斑斕。

沒得熏風吹柳絮,
只將雨露洗嬌顏。
花濃香淡又一年。

(「詩壇」第 776 期 2017.06.02《華僑新報》第 1371 期)

【五律】夏

夏至三庚起,伏來多皎陽。
熱風吹雨綠,芍藥染衣香。
樹茂蟬初詠,茶清夜始涼。
禪心從此靜,月影印苔蒼。

(「詩壇」第 783 期 2017.07.20《華僑新報》第 1378 期)

【小重山】新秋

清露空蟬秋始聲,風搖雲夢影,月宮升。
誰家琴促鳳初鳴,沉吟久,商羽入高暝。

回首故園情。沉風淹舊旅,嘆飄零。
雙唇難啟問安寧。慈母在,孝子不應行。

(「詩壇」第 794 期 2017.10.05《華僑新報》第 1389 期)

六月吟

六月季暑,日多驕陽。亭亭荷花,清水盛裝。
芍藥燦爛,丁香芬芳。蝴蝶翩躚,楊柳枝長。
姐妹歌詠,風動裙裳。撫弦情動,環佩叮當。
遠山新綠,白水蒼茫。餐霜飲露,良木棲凰。
有容乃大,心靜自涼。神遊萬仞,無遠弗疆。

2019 年 6 月

【滿庭芳】——賀詩會成立十八週年暨詩壇第八百期

燦燦黃花,炎炎楓葉,
原來佳節重重。
詞人騷客,再憶舊相逢。
多少無邊風月,
談笑處,揮灑西東。
沉吟久,
淺酌低唱,點點是繁紅。

情來緣起處,雲開天角,
鳥落青桐。
幾回首,東風偷換西風。
念念身居雅舍,
十八載,筆墨交融。
山河在,
詩心永駐,萬里共飛鴻。

(「詩壇」第 800 期 2017.11.16《華僑新報》第 1395 期)

【五绝】且隨緣

一石出青田,眉梢自帶禪。
誰將玲瓏印,紅塵且隨緣?

(「詩壇」第 807 期 2018.01.04《華僑新報》第 1402 期)

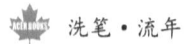

【五绝】且隨緣

一石出青田,眉梢自帶禪。
誰將玲瓏印,紅塵且隨緣?

(「詩壇」第 807 期 2018.01.04《華僑新報》第 1402 期)

【五绝】和嘉樹字「惠風相從」

惠芷自心閑,風清五墨間。
相忘音漸渺,從此夢關山。

(「詩壇」第 808 期 2018.01.11《華僑新報》第 1403 期)

【五绝】觀賞周黎華老師「夏日修女島濕地公園」寫生畫作兩幅

解語葳蕤裡,浮香明滅中。
小寒輕雪夜,獨坐沐熏風。

(「詩壇」第 809 期 2018.01.18《華僑新報》第 1404 期)

【五绝】風吹雪似煙

風吹雪似煙,縹緲入雲天。
顛倒乾坤看,人間有眾仙。

(「詩壇」第 810 期 2018.01.25《華僑新報》第 1405 期)

【七律】《麗璧軒隨筆》千期慶

北隅四季晨昏語，藏墨填詞兩適宜。
暖暖春江應季至，微微綠葉乍開時。
悲歡世事風吹鬢，愛恨深情筆渡詩。
麗璧書成經歲月，文軒千鶴竟飛之。

(「詩壇」第 823 期 2018.04.26《華僑新報》第 1418 期)

【七律】春早

楊柳無聲氣自涵，浮雲如霧水如藍。
誰家庭畔鋪新綠，何處笛聲落小潭。
婉轉紅眉飛雨至，娉婷黃雀葉間探。
小窗微啟春意早，鏡裡蘭花插玉簪。

(「詩壇」第 823 期 2018.04.26《華僑新報》第 1418 期)

【五律】悼何宗雄博士

晨雨連昏暝,綿綿吹老枝。
有朋悲告信,高傑世長辭。
本色唯書卷,儒商篤愛詩。
蒼天應有恨,白鶴自飛之。

(「詩壇」第 825 期 2018.05.10《華僑新報》第 1420 期)

【五律】雨後

雨後閑花落,重重濕錦英。
清風多任意,流水自無情。
歲柏前庭月,年輪夜半聲。
樹高林漸暗,坡上少人行。

(「詩壇」第 827 期 2018.05.24《華僑新報》第 1422 期)

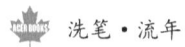

【五律】詠黃花地丁

地丁春至早,覆土最輕柔。
葉嫩清心苦,杯茶潤渴喉。
國人心中好,西妹眼中鉤。
可嘆春宵短,黃花變白頭。

(編者按:黃花地丁即蒲公英也。)
(「詩壇」第 828 期 2018.05.31《華僑新報》第 1423 期)

【五絕】偶得

陽起熏風暖,雲來天始涼。
雨停梅葉落,樹下幾丁香。

(「詩壇」第 829 期 2018.06.07《華僑新報》第 1424 期)

【五律】賀譚公九一榮壽

詩翁年九一，春色正蔥蘢。
美酒醇瓊液，蟠桃擷甜茸。
心安天賜福，胸闊壽如松。
更有詩詞在，金陽照玉峰。

(「詩壇」第 830 期 2018.06.14《華僑新報》第 1425 期)

【小重山】——夏院

老樹枝深藏畫眉。
歌喉婉轉處、細綢絲。
隔牆黃鸝對應時。
琴瑟鳴、棲盡最高枝。

鄰舍始煙炊。
清茶閑舊椅、倚東籬。
雲間新月慢挪移。
明滅裡、禪靜最相宜。

(「詩壇」第 830 期 2018.06.14《華僑新報》第 1425 期)

【七律】感懷

一輪明月清涼在，遍地嬌妍寂寞紅。
銀髮黃花擎傘去，榆梅小葉暫隨風。
華年似水東流逝，歲月如沙漏指空。
兩鬢生花花漸老，無邊風月度西東。

(「詩壇」第 831 期 2018.06.21《華僑新報》第 1426 期)

【七绝】春意

青青嫩葉醒來遲，探腳伸頭臥老枝。
春日暖陽何自在，小童樹下寫新詩。

(「詩壇」第 833 期 2018.07.05《華僑新報》第 1428 期)

【七律】小庭午夜

小庭午夜靜無聲，一樹牡丹寂寞紅。
銀髮黃花擎傘去，榆梅小葉漸隨風。
年華似水東流逝，歲月如沙漏指空。
兩鬢生花花漸老，仲春已吹夏薰風。

(「詩壇」第 835 期 2018.07.19《華僑新報》第 1430 期)

【行香子】──戊戌年夏芸香詩社記依韻唐偉濱

岸芷汀蘭，雅舍一行。
撫瑤琴、弦上霓裳。
誰施妙手，杯盞文章。
有櫻桃紅，蜜瓜白，茗茶黃。

錦衣玉展，團扇映面。
鬢邊花、眉間新妝。
對風情動，細訴衷腸。
看嬌兒憨，女兒媚，鳥兒翔。

(「詩壇」第 836 期 2018.07.26《華僑新報》第 1431 期)

【七律】夏蟬

小窗斜牖聽蟬鳴,一片冰心振玉聲。
晨飲獨含花下露,夢長偏喜夜間晶。
北寒十七沉眠載,弦上三更羽化箏。
君唱本為相思意,天涯一曲月清明。

(「詩壇」第 841 期 2018.08.30《華僑新報》第 1436 期)

【五绝】偶感

月明憐碧草,河闊湧清流。
星海原無浪,嫦娥不自由。

(「詩壇」第 841 期 2018.08.30《華僑新報》第 1436 期)

【五律】悼劉伯松

君寫千千字,今朝遺碧珍。
松高天自遠,日日逐常新。
時報經年載,文章不滅身。
天涯從此去,白鶴入祥雲。

(「詩壇」第 842 期 2018.09.06《華僑新報》第 1437 期)

【五律】贈小妹葉含章

小妹葉含章,衣衫杏子黃。
麻花編雙辮,笑靨腮邊揚。
柴板添薪旺,輕舟蕩槳忙。
長辭揮手遠,情誼比花香。

(「詩壇」第 843 期 2018.09.13《華僑新報》第 1438 期)

【鷓鴣天】秋船夜泊

秋夜青空月照中，泊船燈盞自飄紅。
玉喉一展人皆醉，羌笛長吟風入松。

歌且詠，月朦朧，小窗斜牖遠山空。
今宵酒醒身何處，夜已清寒歲已冬。

(「詩壇」第 844 期 2018.11.01《華僑新報》第 1445 期)

【七律】一簾綠樹換秋裳

一簾綠樹換秋裳，曲徑幽幽野菊黃。
疊疊山巒風自暖，漣漣河畔水生涼。
一畦瓜菜收成短，常喜杯中日月長。
向晚歸來天地靜，笑看鷗鳥自輕狂。

(「詩壇」第 844 期 2018.11.01《華僑新報》第 1445 期)

【滿庭芳】——賀蒙特利爾旗袍會成立四週年

淡掃蛾眉,閑垂雲鬟,繁華錦繡重重。
蠻腰細柳,笑靨喜相逢。
纖指飛珠落玉,弦柱起,影綠搖紅。
鶯聲駐,輕歌曼舞,恰鳳落梧桐。

靜茶還細語,果清糕軟,美酒花濃。
正四載,東風漫卷西風。
執手凝眸共語,姐妹意,盡在杯中。
青雲在,東方仕女,落落望飛鴻。

(「詩壇」第 845 期 2018.11.08《華僑新報》第 1446 期)

【五律】幽蘭

幽蘭辭舊歲,簡簡數枝清。
抱玉初心在,懷珠遠志生。
前塵春日短,往事少衰榮。
獨坐無眠意,原為不負卿。

(「詩壇」第859期 2019.02.14《華僑新報》第1460期)

【五律】雪過(偷春格)

雪過西窗冷,更長別夢遲。
昨宵寒月遠,誰在最高枝。
山空枝搖碎,風輕雀念茲。
一嘆冬未盡,雪落斷腸詩。

(「詩壇」第860期 2019.02.21《華僑新報》第1461期)

【卜算子】——春雪

瑞雪過西窗,大地皆銀素。
向晚殘陽紅飛處,波湧連天暮。

遠眺望重樓,青雀當空舞。
爾自多情向東風,喚雪和春住。

(「詩壇」第 861 期 2019.02.28《華僑新報》第 1462 期)

【採桑子】——憶母

長冬寒徹心如雪,夜數星輝。
別夢低回,恰是慈恩百日歸。

人生如此嘆無為,清水盈杯。
數朵寒梅,憶母音容雙淚垂。

(「詩壇」第 863 期 2019.03.14《華僑新報》第 1464 期)

【畫堂春】——己亥年新春拈韻集其八（詩字韻）

　　清風銀柳落瓊枝，梨花轉世情癡。
　　無眠寒夜夢回時，舊日仙姿。

　　遠望雲山無限，低眉惟有相思。
　　且將心事賦新詩，告母心知。

(「詩壇」第 863 期 2019.03.14《華僑新報》第 1464 期)

【柳梢青】陌上清晨

　　陌上清晨。岸邊紅柳，水面流雲。
　　三五行人，數聲雁叫，誰踏初春。

　　一彎軟雪如銀。風吹起，梨花自芬。
　　水滴檐廊，冰融畫角，都是新痕。

(「詩壇」第 866 期 2019.04.04《華僑新報》第 1467 期)

【畫堂春】——醉春風

小窗斜牖畫堂東,杏花夜色朦朧。
俏枝漫捲笑嫣紅,露重情濃。

皎潔一鉤新月,淺深數點青峰。
葡萄美酒影邀空,且醉春風。

(「詩壇」第 867 期 2019.04.11《華僑新報》第 1468 期)

【五律】和歌

雲懸柳岸清風落,雪雁歸來試水新。
春日調箏歌一曲,惘然樹下唱酬人。

(「詩壇」第 870 期 2019.05.02《華僑新報》第 1471 期)

【少年遊】早春

杏花春色卻來遲，冷暖兩相知。
草庭初綠，新芽尚小，搖曳乍開時。

青苔昨夜濕酥雨，紅雀躍疏枝。
婉轉歌徊，促聲清脆，天闊白雲垂。

(「詩壇」第 871 期 2019.05.09《華僑新報》第 1472 期)

【七絕】春雨

天似蒼穹雨如絲，春花初放萬千姿，
金銅仙人擎甘露，點點滴滴盡入詩。

(「詩壇」第 872 期 2019.05.16《華僑新報》第 1473 期)

【畫堂春】——月如璋

濃蔭綠野綴芬芳，風低岸柳蒼茫。
小舟斜蕩影偏長，散落斜陽。

何日雲帆高掛，直追滄海無疆。
暮雲淺淡月如璋，滿目清霜。

(「詩壇」第 876 期 2019.06.13《華僑新報》第 1477 期)

【一剪梅】夢荷

一曲相思夢裡幽。
誰展輕裳，月下蘭舟。
臨湖照影兩相看，
君也心柔，儂也心柔。

流水無情意未休。
珠雨如絲，似斷還留。
秋心無意不成愁，
汴水長流，泗水長流。

(「詩壇」第 880 期 2019.07.11《華僑新報》第 1481 期)

【七絕】——題振虎老師所種令箭荷花

一襲紅衣別樣裁,千重百疊下瑤台。
相逢舉袂盈盈笑,根並荷香一莖開。

(「詩壇」第 884 期 2019.08.08《華僑新報》第 1485 期)

【搗練子】花影

飛鳥靜,遠山空,梨樹一枝迎晚風。
初綻海棠尤不寐,幾重花影弄簾櫳。

(「詩壇」第 887 期 2019.08.29《華僑新報》第 1488 期)

【五律】秋序

菊影東籬落,冰輪浴洛神。
清風徐過耳,玉宇少飛塵。
心靜觀星近,情真把酒頻。
原來秋色至,天地醉遊人。

(「詩壇」第 888 期 2019.09.05《華僑新報》第 1489 期)

【浣溪沙】——謝辛夷塢主人

雨後閒庭展綠松,
銀笛婉轉去流風,
琉璃斜掛小燈籠。

知己傾心談意重,
主人殷勤看茶濃,
一彎新月唱秋蟲。

(「詩壇」第 893 期 2019.10.10《華僑新報》第 1494 期)

【五律】秋涼

昨夜疾風涼,星稀越大荒。
寒蟬輕日短,彭祖篤時長。
葉落山猶在,雲高鳥自翔。
人生懷古意,湖上看朝陽。

(「詩壇」第 889 期 2019.09.12《華僑新報》第 1490 期)

【菩薩蠻】——醉陶(鄭板橋體和韻)

春華不住秋華住,菊花朵朵清風護。
秋爽又重陽,東籬半紫黃。

醉陶開無數,引頸登高去。
雙鬢玉絲頭,軟襦慢上樓。

(「詩壇」第 893 期 2019.10.10《華僑新報》第 1494 期)

【望海潮】芸香三載吟

清幽詩苑，玲瓏曲徑，堆紅疊翠鶯啼。
朝露晚霜，風寒草長，蝶來蜂往將棲。
香嫋複金泥。綠深自苔滑，菊臥東籬。
萬籟低回，一彎新月掛星垂。

炎炎景色如霓。有洛神長袖，峨冠清奇。
煙落芷溪，霞飛曉岸，芸香雅氣深彌。
素手弄珠璣。看辛夷桂柳，金盞蘭芝。
且將繁枝盡數，紫苑競芳菲。

(「詩壇」第894期2019.11.14《華僑新報》第1499期)

【五律】古風雅意

古來風雅意，千載亦傳薪。
雪白含春色，詩香洗舊塵。
風清天地遠，月落大河新。
西出陽關道，他鄉有故人。

(「詩壇」第899期2019.12.19《華僑新報》第1504期)

【五律】新年與友郊外散步

歲初冬尚遠，寥廓起天涯。
雪軟清心目，風輕展白紗。
寒鴉棲舊羽，青雀渡新霞。
興盡人歸去，閑來數落花。

(「詩壇」第 904 期 2020.01.23《華僑新報》第 1509 期)

【醉太平】迎春蝴蝶蘭

黃裳紫羽，金風玉露。
卻原來舊日詩侶。相憐前世趣。

臨窗峨眉娉婷佇，花蕊啟，玲瓏愫。
自在閒人敲棋步，且來猜花語。

(「詩壇」第 904 期 2020.01.23《華僑新報》第 1509 期)

【五绝】雁歸——步韻榮麗瑋

一朝承重諾,雙翅展春風。
昂首淩雲上,飛身雷雨中。
饑餐天地雪,閑觀夕陽紅。
當執如椽筆,人字寫碧穹。

(「詩壇」第 914 期 2020.04.02《華僑新報》第 1519 期)

【浣溪沙】 茉莉
　——和韻九如

細蕊初開馥幾重,
白衣仙子妙玲瓏。
冰姿獨立自從容。

眉秀輕沾春水綠,
骨香微沈日熏風。
回眸一笑月朦朧。

(「詩壇」第 917 期 2020.04.23《華僑新報》第 1522 期)

【五绝】鴨吟

浮波弄羽姿，展翅欲飛時。
我欲乘風去，奈何風不知。

(「詩壇」第 921 期 2020.05.21《華僑新報》第 1526 期)

【七律】蟬鳴

枝頭獨立展清喉，三夏風光眼底收。
疊嶂遠山盤翠錦，浮雲近水捲冰綢。
風狂崖頂松猶在，天暗雲低雨未休。
一曲秋歌寒葉落，千江依舊向東流。

(「詩壇」第 935 期 2020.08.27《華僑新報》第 1540 期)

【七律】秋懷

高枝百尺染紅黃，乍起秋風舞大囊。
雲淡誰人能織錦，水寬何處不生涼。
熔金新散胸中壘，曉月初升眼底光。
兩岸青山相對望，寒江一葦逐斜陽。

(「詩壇」第 936 期 2020.09.03《華僑新報》第 1541 期)

【五律】謝九如贈梅花

歲末寒冬裡，蒙君贈臘梅。
晨昏風吹雪，午暗雨飄台。
此歲無清夢，民心尚自哀。
但留香馥久，春日復還來。

(「詩壇」第 953 期 2020.12.31《華僑新報》第 1558 期)

2021—2023

【五律】新年感懷

一

十年漂泊夢,驚醒爛柯塵。
峰緩低眉落,銀霜染鬢新。
嚴慈西駕鶴,稚子忽成人。
夜半憑窗立,不知月下身。

二

一杯輕釀酒,歲末敬生靈。
寒樹枝如鐵,浮雲影似萍。
心空無重物,天地有新齡。
醉裡身猶在,風過雪滿庭。

2021-2-13

新春吟

新年即至,欲展笙歌。炫燈染彩,銀柳棲蘿。
虛席等汝,親友聚何。庚子疫起,磨難沉痾。
我嘗舉杯,雲上唱和。我嘗涕淚,哽咽吟哦。
唯有心堅,不懼蹉跎。與子攜手,再種心荷。

【南歌子】——清風來去賞梅香

碧洗流雲少,晴陽影樹長。
鳥鳴簷下雪沁涼。自在清風來去賞梅香。

【七绝】野外遇鹿

輕挪巧轉黃蘆間,圓耳豐唇意態閑。
知己相逢憑一笑,層林落日照西山。

2021-1-16

【七绝】年初遇雪

北風一夜過天涯,百萬枝頭百萬花。
且撫舊痕成舊夢,再烹新雪煮新茶。

2021-2-2

【五绝】塞北多深雪

塞北多深雪,清泠月似钩。
凭樽随影去,杯酒载乡愁。

2021-2-14

【七律】咏梅-东风乍起

东风乍起暗香开,一朵娇颜两面裁。
泼墨只缘擎傲骨,皴红不为占花魁。
眉痕浅淡仙人梦,月影沉浮鹤子回。
白雪枝头春意早,谁家鸥鸟自飞来。

2021-2-14

【五绝】三月落雪

一(平起)
淩空栽白柳，無土亦無枝。
向晚平安否，相望即相知。

二(仄起)
清宇栽銀柳，無根亦滿枝。
向來安好否，唯有兩心知。

2021-3-3

【七律】春來祈願

春來樓角鶯啼暖，雨潤桃花小玉蘭。
樹矮新枝翻綠意，簷低舊椅銹雕欄。
經年遮面唯眉黛，常思時來轉命盤。
祈盼瘟神逃遁走，清風楊柳更姍姍。

2021-5-11

【五律】和韻陶志健山池白睡蓮

幽水生白蓮,如如兩不知。
初開天地日,吐納濁清時。
風過心不動,雲來語尚遲。
不知身所在,寂寂已忘詩。

【五律】和韻陶志健山池黃金蓮

山間晨昏晚,淩波忘四時。
原來天上客,偏做世人癡。
雨顫催珠落,星移起相思。
風吹寒影動,盡做掌中詩。

2021-8-22

【五律】秋思

一

葉濃秋已過，彩菊賦新團。
灰鼠環枝戲，群鷗逐樹端。
風低涼聖水，雲卷越山巒。
不久冬將至，常思眼底歡。

二

白霧繞山巔，遮顏又一年。
雨稀河水淺，岸闊鳥猶眠。
煮酒拆花語，聽禪絮短箋。
林深風起落，當時有神仙。

2021-9-1

【五律】春日訪友

待雨天青色，花低酒尚溫。
世間無一相，萬物有詩魂。
影翠猶臨牖，庭深早閉闇。
杯空人漸遠，楓子落春痕。

2022-5-31

【五律】辛丑中秋詠月

一

桂樹千年影，星商與宿參。
紅茶相隔二，金餅細分三。
玉鏡浮雲岫，清輝照遠嵐。
此心如此月，遮面待平戡。

二

蟾宮當空懸，清冷照無眠。
風起生幽葉，雲浮畫醉蓮。
小童追影笑，耄耋齒尚全。
世亂心不動，今宵共月嬋。

2021-9-24

【七律】壬寅夏日芸香雅聚

葉影浮遊碧草長，晴光漫度野花香。
誰家小女擅胡語，何處佳音韻羽商。
隔徑但聞青鳥鬧，閑茶再吟乘風涼。
忽然一衆嘩然笑，詩醉紅衫與素妝。

2022-7-12

【五律】芸香夏日阿根紐公園雅聚

約友清風下，玫瑰袖底香。
茶添情半盞，詩猜韻幾行。
煙火多聲色，乾坤入角觴。
浮生如夢短，一醉又何妨。

2022-7-10

【七律】小園秋色-芸香雅聚

小園秋色兩玲瓏，欲賞風荷細雨濛。
淺水紅蓮三五朵，懸瓜青蔓子何豐。
蓮蓬已展多心孔，白豆初成看葉蟲。
月下有僧思忖久，悠悠雲合禪詩中。

2023-8-25

【七律】癸卯踏秋

與君攜手覓清秋,姹紫嫣紅幾許愁。
湖畔白鷗尋倒影,林間閑士踏歌遊。
故園已遠蒼涼地,耳畔頻傳戰未休。
且將柔腸和酒醉,浮雲千載漫天流。

2023-10-19

【減字木蘭花】美人蕉

聘婷舉袂,疏影過眉風乍起。露也清圓。
鼓噪蟬聲比線穿。

美人玉齒,相對凝眸無限事。天上浮雲。
出岫層巒暖日熏。

2021 年 8 月 18 日 58 歲生日記

代跋 賊風賦

嗚呼，賊風。
起于葉梢之尖末，聚于陰冷之角落。
竊姹紫嫣紅之秋葉，偷高遠晴朗之天空。
掃溫存于凜冽，藏鬼祟于寒冬。
賊過也，天地黯然銷魂，樹無葉而禿，水凜然而冰。
行于無形，命旅人縮頸；
防不勝防，令百獸襟聲。
五彩歸于黑白，碧水頓成冰凌。
後庭淨落葉，老僧入定；
北地備冬衣，慈母夜秉。
潸然淚下者，不知哪朝過客；
窗外呼嘯者，爾乃何方妖精。
誰人昏燈枯坐，展青卷于幾案，
提筆沈吟，無可奈何。
突然賊風至，染青絲成華發，變枯槁于紅顏。
驚魂驟起，賊風已過，萬籟俱寂，
案前，一老嫗，一禿筆。

2023 年秋遊皇家山

www.ingramcontent.com/pod-product-compliance
Lightning Source LLC
Chambersburg PA
CBHW021128080526
44587CB00012B/1177